TURKISH POETRY TODAY
2013

TURKISH POETRY TODAY

2013

R·H·B
2013

Turkish Poetry Today is published annually by Red Hand Books, England.

Editor:
GEORGE MESSO

Advisory Editors:
ŞENOL BEZCİ, Ankara University.
T. KENNY FOUNTAIN, Case Western Reserve University.
FAHRİ ÖZ, Ankara University.

www.turkishpoetrytoday.com
turkishpoetrytoday@gmail.com

ISBN 978-0-9575977-0-9

Copyright © Red Hand Books, 2013

Contents

POLAT ONAT

Translated by Nesrin Eruysal & Ken Fifer

Deniz

biten günler donuk başlayacaklar sabırsız
ilerler derinliğine kalbin ıslak ve umutlu süzülerek
birbiri ardınca çarpan dalgalar kaptansız gemiye
güvertedeki kayıp kovayla eksiltiyor gökyüzünü
mesafelerin iç içe geçmişliği yaklaştırır nesneleri
vakit geçmek bilmiyor sona ererken hayat
yoktur kimseciği denizin hep uzak sahiller.

The Sea

the sea's tedious night and day
advancing on the heart's interior
in wet and hopeful waves
washing silently over
the ship without a captain
emptying the sky by using
the stranded bucket on deck
closing the distance at first
suddenly heavy spilling away
coasts always too far apart.

Kulübe

dağılır kağıdın sanki üstünde mürekkep
ay ışığında derinleşen orman hoş kasvetli
kar ve tipinin içine saklanmış yarısı gecenin
bildiğimiz kulübe sıcaklığının buruk dingin hazzı
karnım tok elimde demli çay şiirleri ve zaman
şömine çıtırdar yanımda melek küçücük Meryem
sevgilim teselliye ihtiyacı yoktur hayallerin.

The Hut

ink disperses as it touches paper
gloomy forests branch in moonlight
night's other half hides in snow and blizzard
bitter and serene like the pleasures of our hut
I'm not hungry tea poems well-steeped time on my hands
fire crackles in the fireplace Mary my little angel with me
listen to me our dreams don't need to be our consolations.

Yol

gerçek hayattaydık yolun siyah çölünde
unutamadığın anılar olmamış şeyler yani
sıkıntı yazgımızdır ömrün sonuna dek yaşamak
hep şair kadar acemi hazırlandım ölüme
sabah ıssız rüzgârı gözleriyle duyunca
anlıyorum beni hiç sevmediğinizi yapayalnız
bir yürek gibi dalgalanıyordu ipteki çamaşırlar.

The Road

in the middle of real life in the black desert of the road
memories you cannot forget should I say things that never happened
our fate's to tire before the road ends
I readied myself for death like any clumsy poet
I heard the desolate wind with my eyes
I knew you never loved me not for one second
wash waving and my severed heart left out to dry.

Son

ilerliyordum her adımda büyüyen ayaklarla
geliyor diye mırıldandı park o buraya geliyor
varmıştım doğarken ıslak salıncaklara sevinç
yaralı park eskimiş çocukları hatırladıkça.
gülümseyen solgun kederiyle belleğimizde
öyle sabit havada asılı kalan iki kuru yaprak
ve uğultusu rüzgarın tahterevalliyi sarsan
hep beraber tozlanıyoruz fotoğraf albümünde
çekmecenin içindeyiz unutulmuş sonsuza dek
sana doğru koşarken
önemli olan
şey.

The End

the more I walk the bigger my feet get
the park mutters "he is coming here"
I arrive to joy rising over wet swings
scarred banks tell about children of the past
two dry leaves hanging motionless mid-air
smiles born out of a faded melancholy
a roaring wind shakes the seesaw
we gather in an old photo album
forever forsaken in a drawer
while the important
thing is running by.

Issızlık

demek her şey bitti başlayan hatırlamak
gecede uğultular tenha bir rıhtımın sustuğu
ufka doğru kapanıyor bulutsuz deniz
boşluk bırakarak kaybolup gidecek
yeni dizeler oluşturur yazılmaya değmez
düşünürüz geçmeyip gidenleri ayna kırgın
kendimle birlikteyim doğanın kenarında
bir öküz böğürür duyar solucan yeniden
o hiç yaşanmayacak büyük ıssızlığı.

Desolation

now that everything has come to an end I begin to remember
a roaring night hushed by a lonely harbor

a sea without clouds closing on the horizon
will soon dissolve and leave nothing behind

new lines compose themselves not worth writing down
a mirror resentful of those who left without a glance

I stand by myself on the edge of wilderness
a cow bellows and a worm hears
an enormous desolation never to be heard again.

BEJAN MATUR

Translated by Ruth Christie & Selçuk Berilgen

Sonsuzluk Bekçisi

I.

Harfler ve işaretler boyunca fısıldanan
Söylendi bana.
Onuncu yüzyılda bir yer
Bir zirve.
Allaha yakın o durakta beklemekte biri.
Bir kaide aramakta kainat için.
Ve yedinci levhada beliren kaide
Tanrının şefkatidir.

Infinity's Watchman

I.

Whispered to me
through letters and signs;
in the tenth century a place,
a peak.
Waiting at the stop near Allah is one
who seeks a base for the cosmos.
And the base that appears on the seventh sign
is the mercy of God.

II.

Duydum işte!
Merakım öldürmedi beni.
Yeryüzünün haritaları
Henüz cenin maviliğinde ve belirsizken
Kainata sordum sorumu.
Ve duydum sesi.
Uzak galaksilerin çakışması
Bir müzik olarak fısıldandı bana.
Böylece kapılar açıldı.
Göğün altı katında beliren
Ve yedide mana bulan
Göründü bana.
Olacağı gördüm.
Bakışım ulaştı Allaha.

II.

Here's what I heard!
My curiosity didn't kill me.
As maps of the world
were still in embryonic blue and unclear
I asked the cosmos my question.
And I heard the sound.
The colliding of distant galaxies
whispered to me like music
and gates opened.
What was clear in the sky's six levels
found meaning in seven
and appeared to me.
I saw what would be.
My gaze reached Allah.

III.

Kuşkusuz bir başlangıç var
Bir göl kıyısından, çöle ulaşan.
Mavi çini seslerinin şehrinde
Hiç duyulmamış bir konuşma.
Narların ve karanfillerin kanatlandırdığı renkler
Karışır isteğe .
Aynı gölde yansıma başlar
Sulara iner yıldızlar.
Böylece kainat
Bir göle sığar.

III.

Undoubtedly there's a beginning that reaches
from a lake shore right to the desert.
A conversation never heard before
in the blue-tiled city of sounds.
Colours winged by carnations and pomegranates
mingle with desire.
In the same lake reflections begin,
stars descend to the waters.
So the cosmos
fits into a lake.

IV.

Daha fazlası bana fısıldanan.
Narların ve nergislerin bildiği acı.
Bir güzellik,
Varlıkla dolu olmaktan duyulan bu hüzün.
Hangi yakınlıkla teselli bulacak?
Hangi aralıkla?
İşte buraydım kulağıma çoktan fısıldandı varlık
Benden istenen bir ölçü
Bir karar benden beklenen,
Ve avucumda artık.
İznik'te başlayıp Bağdat'a giden
Endülüs'e uzanan
Merak değildir sadece.
Aşktır.

IV.

More whispers to me.
The pain suffered by pomegranate and narcissus flowers.
Beauty.
This melancholy sense of the fullness of being.
What comfort in closeness can it find?
How often?
Here I was, long ago Being
whispered in my ear
asked for a measurement
expected a decision,
and it's now in my palm.
What began in Iznik and travelled to Baghdad
and as far as Andalusia,
is not only wonder,
it's love.

V.

Böylece kaplanların diline döner kainat.
Kaplanların çizgilerinde karışır
Bilenmiş peygamber kılıçları…
Ve oğulların hesabı sürerken
Yıldızlar kanı saymaya başlar.
Ahengi gecenin
Ve adaleti.
Kalpte yer eden yastır.
Bir kız kardeşin sayıkladığı çöl.
Taşınan yas boyunca işaretler.
Acıdır kalpte Allaha yaklaştırır.

V.

So the cosmos turns to the language of tigers;
mingled with the stripes of tigers
are the prophet's sharpened swords…
While the feuds of his sons continue
the stars assess the spilling of blood,
the harmony and justice
of night.
What takes places in the heart is mourning.
The desert where a sister talked in her sleep.
Signs throughout mourning.
Pain brings us closer to Allah in the heart.

VI.

Çünkü sayılar ve işaretler
Kaplanların çizgilerinde saklanır.
Kaplanların çizgilerinde buluşur enlemler.
Belki de oradan asılıyız kainata.
Kaplanın düşüncesinde.

Bir çölde başladı sorular.
Harran'da miracın büyüttüğü gök
Çağırdı beni.
Kalbe yakın, ruhun kıyısında
Işığı sayıklayan göz
Gördü gidişi.

Yalın ayak yürürken duyduğum uzaklık
Başlangıçtı.
Böylece melek sordu,
Anne tanrı nedir?
Sonsuzluktur yavrum,
Ama sonu yok onun da…

VI.

Signs and numbers
Hide in the stripes of tigers
Latitudes meet in the stripes of tigers
and perhaps from there we cling to the cosmos
in the tiger's mind.

Questions begin in the desert.
The sky magnified by the Ascension in Iran
called me.
The eye longing for light
on the brink of the soul, near the heart
saw the flight.

As I walked barefoot the distance I felt
was just the beginning.
The angel asked,
'Mother, what's God?'
'Infinity, child,
And it has no end…'

VII.

Yıldız tozu ve hakikat.
Kalbin bildiği düğümlendi.
Bir tepe arıyorum gökyüzünü duyacağım.
Enlemleri sayacağım bir durak.
Gökkubbenin avucumda ısınmasıdır
Uzağı yakın eden.
Ellerimde çünkü yıldızlar.
İndirdim onları, kalbe ekledim.
Kalbin hizasına koydum kainatı.
Denizcilerin baktığı bütün yıldızlar
Başka dilde ve yaban.
Wega,alfata,miraç,
Aiferaz,rigil,altahir,
Hepsi ama hepsi
Çölden kuzeye gitmekte.
Ve yol göstermekte yolculara.
Kıtaları, gökyüzünü birleştiren Arap harfleri.
Gökyüzünü ev yapan inanç.

VII.

Stardust and truth.
The heart's knowledge is tied in knots.
I want to hear the sky.
I'm in search of a hilltop
where I can stop and count the latitudes.
The sky-dome is growing warm in my palm
bringing distance near.
In my hands are the stars
I brought them down and included them in the heart.
I aligned the cosmos with the heart.
All the stars that sailors watch
have foreign names, unfamiliar.
'*Wega, alfata, miraç,*
Aiferaz, rigil, alta hir,'
All, all point north of the desert
Giving direction to travellers.
Arabic letters that unite sky and land.
Belief that makes a home of the sky.

VIII.

Okyanusta gökyüzü bir çöldür.
Sadece denizcilerin bildiği kurtuluş
Karadan esirgenen.
Çünkü kalbimizi evirip çeviren
Odur nihayetinde.
Odur kalbimizi sarmalayan.

35

VIII.

To those on the ocean sky is a desert.
The only salvation for sailors comes from the land.
In the end is the One
Who turns our hearts inside out;
the One who envelops our hearts.

IX.

Tanrının elleriyle başlayan bir dokunuş yokluyor beni.
Karanlığı yeryüzünün Allahı sayıklarken
Karanlığı kainatın merakken.
Şimdi aynı enlemde ilerliyoruz.
Aynı duyuş ve kamaşma.
Kalbim bana bir dil öğretiyor.
Uzaklığın dilini
Sonsuzluğun kelimeleri cebimde
Bütün çağları aşarak gidiyorum kıtalara
Endülüste, Yunanda, uzak adaların yalnızlığında
Şairleri selamlıyorum.
Merak içinde gökyüzüne bakan çocukları.
İncecik parmaklarım kamaşmış histen.
Bir atın toynakları kadar ağır yeryüzünde bıraktığım adım.
Bir atın boynunu uzatıyorum yıldızlara.
Kuşların ve bitkilerin dili çoktan katıldı müziğine kainatın.
Kuşların gagası yıldızların kenar süsü çoktan.
Ve bir kez daha bakıyorum
Yeryüzünde Allahın soluğu bana yaklaşıyor.
Alıyor benliğimi
Onunum.
Merakımı yapan o.

IX.

God's hands touch me and test me.
While earth's darkness dreams of Allah
and cosmic darkness wonders.
Now we move on the same latitude
bedazzled and blinded by the same light.
My heart teaches me a language
the language of distance,
in my pocket the words of infinity.
Passing over all eras I travel to the lands
of Andalusia, Greece, and greet the poets
in their lonely, far-off islands.
Children who gaze at the sky in wonder.
My thin fingers blinded with feeling.
The footstep I leave on earth is heavy as a horse's hoof
but I stretch like the neck of a race-horse to the stars.
Long ago the music of the cosmos
included the language of birds and plants,
bird-beaks and scribbles of marginal décor.
I look once more
on earth Allah's breath is near me.
He takes me;
I am his.
He gives me wonder.

Karanlığı kalbimde şiire dönüştüren o.
Çünkü onun karanlığında mücevher gizlidir.
Bize yıldız gibi görünen o parıltı
Bir ayettir.

He turns my heart's darkness into poetry
for in his darkness a jewel is hidden.
The glow that appears to us as a star
is a sacred sign.

X.

Reyy'in tepelerinden yalın ayak
Bağdat'a giden
Bir yolcuyum
Allahın toprağında bir çiftçi.
Bir yıldız bulmak için toprağı eşeleyen
Kuyuların gözlerinden öpen.

X.

I'm a pilgrim,
barefoot from the hills of Rey
on the way to Baghdad,
a farmer on Allah's earth
scratching the earth to find a star
saluting the water-wells with joy.

XI.

En uzağında kainatın gezegenlerin çakışması.
Plütonun hüznü, marsın öfkesi.
Ve Venüs kadar teselli verici bir güzellik.
Hepsi ruhumda yerleşmiş
Ruhumun düzlüğünde
Sonsuzluğun atlıları koşturmakta.
Bakıyorum uzak kıtalara.
Enlemelerin ve paralellerin kestiği bu dünya.
Kalbimden geçen bu ekvator.
Eskiyor.

XI.

The collision of cosmic planets in the farthest realms,
the sadness of Pluto, the anger of Mars,
and a generous beauty, consoling as Venus,
embedded in my soul.
On the plains of my soul
infinity's riders are running.
I gaze at distant lands,
the world intersected by latitudes.
The equator piercing my heart.
It grows old.

XII.

Atlasını geçirerek ruhuma çektim peşimden kumaşını
dünyanın.
Peşimden gelen yeryüzü şehirleri
Sayıklamakta Allahı.
Yıldız olmayı dilemekte her biri.
O hakikat evinde
Kuşların gagalarını daldırıyorum gezegenlere.
Bana yıldız tozu taşıyorlar.
Yıldız zerrelerinden ışık.
Beni teselli edecek bir yakınlık arzusundayım.
Dokunsam bulacağım anlamı.
Kalbim kaygılı evet ama kuşkulu değil hiç.
Yürüdüm tepeleri
Yalınayak.
Yalnızlık içinde ilerledim.
O yalnızlıkta Allah
İçi oyulmuş bir haznede bekliyordu.
Çook beklemiş bir bakışla baktı bana.
Ve gidin dedi
Soyunuzu çekin toprağımdan.

XII.

I draw the stuff of the world to my soul
dragging its atlas behind me.
Earth's cities are dreaming of Allah.
Each longs to become a star.
In the house of truth
I immerse bird-beaks in the planets.
They bring me stardust,
light from the atoms of a star.
I yearn for closeness to give me comfort.
I could find meaning if I could touch it.
My heart full of worry but never of doubt
I walked the hilltops
barefoot.
I went on alone.
In that solitude Allah
was waiting in a hollowed-out tank.
He looked at me with a long, expectant gaze.
'Go,' he said,
'make your family from My earth.'

XIII.

Bize yalnızlıkta gelen dil
Şiirdir.
Yıldızların diliyle taçlanan merak…

XIII.

The language that comes to us in solitude
is poetry.
Wonder crowned with the language of stars.

XIV.

Şimdi bütün mevsimlerin başlangıcı ve sonu.
Avucumda tuttuğum bu paslanmış levha
Bir yıldız arayıcısıdır.
Pas tutmuş bir yıldız kümesidir baktığım.
Pas tutmuş bir galaksi ruhta.

XIV.

Now is the start and finish of all seasons.
This rusty metal sheet I hold in my palm
is a star-seeker.
What I look at is a rusty cluster of stars,
a rusty galaxy in the soul.

XV.

Hangi çağın karanlığı bu üzerime gelen.
hangi yıldızın ağırlığı?
Uzak gezegenleri hayal ederdim berrak gecelerde.
Kendine bile uzak yıldızların hüznünü.
İnce parmaklarım kutup çizgisi boyunca bir ölçüyü aradı.
kalpte duyulanı…
Ötesi olmalı.
Karanlık evet ama ruhun kuşağı çoktan bağlandı ışığa
Ve bizi taşıyan harita yorgun.
Parmaklarım bir kubbeye dalmış göğü izliyor.
Göğün esirgediği yakınlığı istiyor.
uzağı bilmek…
Ama ruh var
Bütün sorulardan önce ruh var.
Tende bir yara gibi derinleşen bu tropik kuşak
Bütün yıldızları çağırdı.

XV.

What era's darkness is falling on me,
the weight of what star?
On clear nights I've dreamed of distant planets,
the sadness of stars far even from themselves.
My fingers searched for a scale on the Polar line,
for what the heart feels.
There must be a further dimension.
Yes, darkness, but long ago the soul's origin was tied to light.
The map that carried us is tired.
My fine fingers trace the sky sunk in a dome.
They wish for the closeness refused by the sky.
To understand distance…
But there's the soul,
before all questions, the soul.
The tropical zone deepening like a physical wound
Calls all the stars.

XVI.

Yalnızım işte.
Bir keşif durağındayım.
uzak hastalığına tutuldum.
yıldız ışığını duyma hastalığına.
Şimdi yıldız tozundan söz eden bütün alimler şiir burcundalar.
şimdi yıldız tozuna bulanan ruhlar bir kainat kuruyorlar.
içimde kımıldayan galaksiler
her biri bir çiçek demeti.
İçimde Plüto kadar yalnız ve soğuk bir kalp…
ama duyuyor yine de.
Olanı…
Bu karanlık kubbenin altında duymaya çalıştığım yürektir.
Sebeplerdir bilmeye çalıştığım.
Bütün denizleri aşan bir hayal
ve hüzün yürekte.
ilk olandan başlamalı
Karanlığın doğumundan.

XVI.

I'm alone
on the brink of discovery.
I was sick with an illness from afar,
an illness sensitive to starlight.
Now all the learned who speak of stardust
live in the Zodiac's house of poetry.
Now the souls touched with starlight are building a cosmos.
Galaxies stir within me
each one a garland.
Within me a heart cold and lonely as Pluto…
but still aware
of existence…
What I try to sense under this dark dome is the heart,
what I strive to know are the causes.
An image overflowing all the seas
and sadness in the heart.
We must begin from the first event
from the birth of darkness.

XVII.

Göğün ve Allahın aynı anda 'insan' dediği bir harita
Açılıyor önümde.
Kalbe yakın tutulmaktan incelmiş o levhada
Nereye dönsem hakikat sorusu.
En karanlık olandan başlamalı.
Atların toynakları yer yüzüne vurduğunda açılan mekan.
Bir kadranda yıldızların ve atların yelesi
Yıldızlar ve yeleler karışmış sonsuzda
Ve uzay boyunca deliren bakış
Bitmez gökyüzü…

XVII.

Before me opens a map of 'humanity'
named by Allah and the sky together.
On the metal sheet worn thin by the clasp to the heart
there's the question of truth wherever I turn.
It must begin from the uttermost dark.
Space opened when horses' hooves struck the earth.
Horses' manes and stars in one quadrant
stars and manes endlessly mingled,
and throughout space the piercing gaze
the unending sky…

XVIII.

Meleğin cevabı biliniyor
Onuncu yüzyılda bütün insanlığın gözleriyle
gökyüzüne bakan bir adam.
kuşların gagalarını yıldız kümelerine uzatan.
Bütün yıldızlar kalpte başlar
Sonra eklenir sonsuzluğa.
Bu hüzün onu uyutmaz
Uyutmaz onu karanlık.
Merak yüreğin atlısıdır
Peşinden koşturur insanı.
Ve zamana mekanı ekler.
Bu aşktır.

XVIII.

We know the angel's reply.
In the tenth century with the eyes
of all mankind a man looked at the sky,
extending the beaks of birds to the cluster of stars.
All stars begin in the heart
then are joined to infinity.
Sadness never lets them sleep.
Darkness never lets them sleep.
Curiosity, rider of the heart
drives us on.
It adds space to time.
It is love.

XIX.

Usturlabımın kaidesinde
Yeleleri ateşten bir at.
Mekanı beklemekte.
Ve saymakta yüreği…

XIX.

At the astrolabe's base
Is a horse with a fiery mane.
It waits for an abode.
And counts the heart.

XX.

Kalp ibresi sonsuzluğun ibresiyle kesiştiğinde
İşte tanrı.
Sonsuzluk avucumuzda büyük bir ülke.

Ben miyim bilinmeyen bir doğuda kainatı bilinir kılan.
Kalbe yakın tutulmaktan incelmiş bu usturlab
Meraktan ruh olmuş parmaklarım.
Ve Allahın evirip çevirdiği her yerde bir damar.
Yorgunum ah karanlığı duymaktan.
Yorgunum nabız gibi bana göz kırpan yıldızlardan.

XX.

When the magnetic needles of heart and infinity agree,
That is God.
The vast realm of infinity lies in our palm.

Am I to make known an unknown birth of the cosmos?
This astrolabe worn thin by the clasp to the heart.
My fingers from wonder become a soul.
Everywhere a vein that Allah knows through and through.
Ah, I am weary of darkness.
I am weary of stars that blink at me like a pulse.

XXI.

Bin yılların kainatı
Ve bekleyişi
Acıdır.
Çünkü karanlıktır duyguların başlangıcı.
Merak insanın kalbidir
Yürekle görür uzakları.
Yıldızlar kadar derin gözler.
Bin yıl öncesinin bakışı
Bu güne akmış.
Hayret makamı
Çocukların
Şairlerin
Ve alimlerin
Aşk gibi uzağa götüren ruhu.
Öyle çok bekledim ki
Bir miraç geçti üzerimden
Geçti üzerimden galaksiler.
O miraçta peygambere fısıldanan
'Ayağını diğer ayağının üzerine koy'
Ayağını diğer ayağının üzerine…
Tam o anda
Bir yıldız çakışması
Kalbin ibresinin doğrulması o anda.

XXI.

The cosmos of thousands of years.
Its waiting
is pain.
The origin of feeling is darkness.
The heart of man is wonder.
He sees immensities with the heart,
his eyes deep as the stars.
The gaze of a thousand years
Poured into this day.
The music of wonder
of children
of poets
of scholars
transports the soul like love.
I've waited so long
that an Ascension passed above me.
Galaxies passed.
Whispered to the prophet on that Ascension,
'Put your foot on the other'
Your foot on the other…
Just then
a colliding star.
Just then the heart's magnetic needle points true.

Kainat açılırken önümüzde
Atların kanatları aşktan yanarken.
O kavuşma.
Çook önce gitmiş olan bilinç
insanı yoklar.
Bizim miracımız kalptedir
Allahta yer eder
bizim miracımız.

The cosmos is revealed before us
and the horses' wings flame with love.
The conjunction.
Consciousness gone long ago,
touches mankind.
Our own ascension is in the heart
it takes place in Allah.

XXII.

Böylece
Allahı çağırmak için göğe bakan adamlar
Kalbe döndüler.
Kalpte meskun olana.
Artık ölü olan yıldızlardan akan ışık
Doldurdu ruhu.
En uzakta olanın bilgisi Allahtır.
En uzakta olanın bilgisi
İnanmak.

Pas tutmuş bir yıldız kümesi
Sular altında.

XXII.

So
Man who looked at the sky to find Allah
Turned to the heart,
to what lived in the heart;
light pouring from dead stars
filled the soul.
Allah is knowledge of the most distant.
Knowledge of the most distant
is Belief.

A rusty cluster of stars
under the waters.

XXIII.

Baksam
Yolcuların beklediği bütün gecelerden duyarım olanı.
Zamanın atları
Uzaklığın.
Ve kuşların göğsünde harfler.
Kuzeyi ve güneyi geçip
Yüreğe ulaştı sonunda.
O kadar acı bir tohum yıldız tozundan.
O kadar merak.
Boynumda iz.
Neye bakmaktayım
Neyi duymakta?
Sonsuzluğun içinde mücevher gibi parlayan kanatlar
Uçurur beni.
Adını aşk koyar.

XXIII.

When I look
I'm aware of all the nights when the travellers waited.
The horses of time,
of distance.
And letters in the throats of birds,
passing north and south,
reaching the heart at last.
From stardust a seed so bitter
so curious
a trace on my neck.
What am I looking at?
What do I sense?
Glowing like a jewel in infinity
it gives me wings:
Love signs its name.

XXIV.

Şimdi Allahın zamanı başlıyor kalpte.
Kalbe yakın tutulmaktan incelmiş bu levha
Gösteriyor sonsuzluğu.
Oradayım.
Kainatın soruları yormuş kalbimi.
Bütün sonsuzluğu dünyaya çekeceğim.
Avuçlarıma alacağım sonsuzluğu.
Kan delirmekte.

XXIV.

Now in the heart Allah's time begins.
This metal sheet worn thin by the clasp near the heart.
Eternity's testament.
I am there.
Cosmic questions have tired my heart.
I'll draw all infinity into the world.
I'll take it in my palms.
Blood goes wild.

XXV.

Yıldızlara bakarken ben
Nabzım genişlemiş.
Ülkesi genişlemiş kalbin.
Bütün galaksiler yurdum artık
Bak duyuyor musun?
Yolculardan yakınım Allaha.
Aşıklardan yakın.
Bir merak ayetiyim çünkü.
Yakınım ruha…
Kıbleye dönen bir müminin
inancı kadar doğru bir ibre
Herşey kalbe bakıyor.
Artık andayız.
Ve ancak anda olduğumuzda
Bütün kainat Allahı sayıklar.

Neresi yurdum?
Güneş belki de.

XXV.

When I stargaze
my pulse quickens,
the country of my heart expands.
Now all galaxies are my home.
Listen, can you hear?
I'm closer to Allah than travellers.
Closer than lovers.
I'm close to the soul
for my sign is wonder.
A magnetic needle true as the faith
of a Muslim who turns to Makkah.
Everything looks to the heart.
We are here now.
And only because we are here
the whole of the cosmos yearns for Allah.

Where is my homeland?
Perhaps it is the sun.

Necmi Zekâ

Translated by İdil Karacadağ & Erik Mortenson

butlan

necmi zekâ rıza gösteren değil
zilletlerden bir iksir
necmi zekâ hiçbir işi boşlamaz
baş tacı biraz çene çalmanın
aslında bir ünsiyet kabaresi
nelerden de habersiz
efendisi görmemiş olmayı istemenin
yakında görürsünüz necmi zekâ
bir süre geçsin nöbeti yatakta
orasından burasından açılır
bulut mu necmi zekâ
muhtelif-ül mizaç
ıkınıp sıkınmadan kendini eleverir
açıktan her olayın peşinde
sunturlu bir necmi zekâ
sonlama elemanı değil
illüstratif kardiyo
necmi zekâ okşaya okşaya birini kızdırma
necmi zekâ eregörmek kadar hırçın
hiç gibisi *söylenecek söz mü bu şimdi*
bilgi vereyim der
tepinip tepinip kendi tüylerini ürpertici
necmi zekâ oynayan kaş göz
kendinde ve kendini okşamada
uçkurdur necmi zekâ

nullity

necmi zekâ isn't the type to give consent
an elixir of despicablenesses
necmi zekâ doesn't neglect anything
he is the epitome of babbling
a cabaret of rapport actually
ignorant of so many things
the master of not wanting to have seen
you'll soon see necmi zekâ
a guard in bed on 'let some time pass' duty
can be opened here or there
is necmi zekâ a cloud
full of temperamental variations
without grunting and straining he gives himself away
he follows every event in plain sight
an awful necmi zekâ like a curse
not an expert in the finishing touch
an illustrative cardio
necmi zekâ making someone angry with caresses
necmi zekâ is vicious as the act of final achievement
almost like nothing *how dare you talk like that*
he says let me provide you with some information
kicks and stomps until he gets the shivers
necmi zekâ who is eyebrow- and eye-twitchings
holding and caressing himself
necmi zekâ's fond of pudenda

sayılmamak için kaytarıcı
tasdik dilini öğrenmiş
ve no demeyi
ısıtılıp ısıtılıp uzar
gele gele buraya

necmi zekâ *bana ihtiyaç var mı*
olmaz mı

necmi zekâ *başka bir ismi var mı*

so he won't be counted as a shirker
learned the language of approval
and how to say 'no'
they keep mentioning him so he expands
but still ends up in this same place

necmi zekâ asks is there a need for me
you bet they say yes absolutely

is necmi zekâ his name or has he got another

éparter le bourgeois

diyemem mümkündür
bu cevap hakkına nasıl geldin
çok basit mümkündür
kaş kaldırmamıza katılır mısınız

büsbütün haksız olmadığımıza hiç değilse
üzerimize düşeni yapıp da hiç değilse
mümkündür bir miktar bin türlüsü

işi zor bir şifreye bağlayarak
sehven mümkündür
ama kime istinaden
hatırı sayılır bir miktarımızın
böyle davranarak
yüz buruşturmamıza katılır mısınız

hiç değilse bilmeden netice veriş
biz mi mümkündür
işportacı baş hareketleriyle
kim besleyecek bu ucubeleri
biz mi akim kalış fiziki değil hukuki sorular

éparter le bourgeois

that I cannot say –it's possible
how come you get this right to answer
that's very easy – it's possible
would you join us in raising our eyebrows

at least we're not entirely in the wrong
at least we did what we had to do
a number of or a thousand of – both are possible

tying up things to a difficult password
by mistake – it's possible
but referring to whom
a considerable number of us
acting just like
would you join us in making faces?

at least reaching a conclusion by accident
will it be us - it's possible
with the head gestures of a street vendor
who is going to feed these monsters
will it be us - it's fruitless, questions of law not physics

bir mukavele yapmıştık
orta yerde kanlı canlı mümkündür
bu nasıl bir beden ki abası...

abası yok ki
diyemem mümkündür

we had signed an agreement didn't we
alive and well in plain sight – it's possible
what sort of a body is this with a garment of…

no it doesn't have a garment
that I cannot say – it's possible

gözün çıksın denizi ve köpüğü

kadastro görmemiş yerlerde sevişme tarifesi
    ve hüsrana sürüklenen keyfimiz
değişken geometrili takır tukur konuşmalar
    ve *aman kalsın*
tütün yaprağı damarlarını ayıklayan düşünceler
    ve aslında nesi fena bunun
içki tüketiminde kullanılan çakarım bir tane ağacı
    ve yoksa başını başına çalacaklar
bertarafı mümkün olmayan pahalı etiketler
    ve önünü önüne serecekler
yem kanunu kapsamına giren şakalar civcivlere
    ve pek uzağa da kaçamayacaksın canım şuh
karar alma usulünü bozan moruk küfürleri
    ve varit
oturum tutanaklarına giren her türlü abartı
    ve hafiften tartaklanarak kulağı çekilen
ucuz fırçalarla üretilen müzik eserleri
    ve yalıncak
ilan edilmesi kontenjanla sınırlı duygular
    ve pul pul dökülme
ortak tutumumuzu parçalayan ses filtreleri
    ve kah çok ince kah çok kalın üzerindeki
uyuşmazlıkları çözemeyen psikotrop maddeler
    ve bir baktı mı testi testi kan içen
ilk bakışta tiksinti uyandırmayan edebi mühimmat

the 'may your eyes pop out' sea and its foam

in unsurveyed lands the tarriff of lovemaking
      and our pleasure being dragged into disappointment
rattling speeches with varying geometries
      and *'o please let it go'*
thoughts which dissect the veins of tobacco leaves
      and actually *'what's so bad about this'*
the *'I'll give you a good slap'* tree used in alcohol consumption
      and if not they'll blame the head on you
expensive price tags that cannot be ruled out
      and they'll put the genitals in front of you
jokes for the chicks that fall under the law of prey
      and my pert love you won't be able to get very far
old chap swearwords which spoil the decision-making process
      and likely indeed
every type of exaggeration which makes it into the meeting log
      and someone's ear gets pulled in a bit of horseplay
musical pieces produced with cheap brushes
      and singularly
emotions whose expression is limited to 'while supplies last'
      and flaking away
sound filters that destroy our shared attitude
      and what you're wearing is either too thick or too thin
psychotropic matter that can't resolve conflicts
      and one who after a glance drinks jugfuls of blood
literary ammunition that doesn't evoke disgust at first sight

ve kendini deniz pergeli sanan kuşların pırpırı
trampaya konu edilebilecek eskimiş husumetler
ve her şeye sabrım var sabretmeye yok patırtısı
sevişme talebi yerine firari pamuk incir filan fıstık
ve yok kimsenin nabzını tutmanın bir alemi
ve patlat bir tane kendi gözüne patlat patlat

87

and the whirring of birds who think of themselves as
                                          sea-compasses
old hostilities that could be the subject for barter
        and the clattering of 'I have patience for everything
                                    except patience'
instead of asking to make love escaped things whatever blah
                                      blah blah
        and there's no point in second-guessing anyone's
                                    behavior
        and punch yourself in the eye for once punch punch

yaşlı değil yorgun - genç değil seksi

ey sersem ey sersem benim parlamam lazım

tazeliğini koruyordu etraf etrafım

giyim kuşam dımdızlak ama rütbeli

enerjik bir hal en iç denizlerde kendine ağalık verme

musique de fond berbat... o kadar da berbat değil

değil derken kendini amorti etme

kendim diye söylemiyorum bir örtbas budalası

dénouement *terbiye takınma denemeleri*

asıl göçmek isteyen zındancılar

zindanları buranın hatıra yüklü bir silah

bıktırıcı peklik cihetinde alnımızın terlemesi

her akla kanmaya razı dalaşmacı değil

ayak uydurmacı hiç değil insanın içinde olması lazım

yok üstümüze çökmüyor kimse yedi bölük halinde

not old but tired - not young but sexy

o fool o fool -- I need to shine

stayed fresh -- the surroundings my surroundings

clothes stark naked -- but of a high rank

energetic conditions -- becoming a landlord in the inner-most seas

musique de fond -- terrible... well not that terrible

when saying 'not that' -- breaking even with oneself

not saying it to praise myself --a fool for covering up

dénouement -- attempts to put on your best behavior

those who really want to emigrate -- the dungeon keepers

the dungeons of this place -- a gun loaded with memory

from the point of view of a tiring constipation -- the sweat on our brow

ready to be fooled by anything -- not looking for a fight

never wanting to compromise -- one should have it in oneself

nope nobody is crouching down on us -- in battalions

ediliş... kaldığı yerden

1. sıkıcı bir merasime gerek vardır
sizi de üzmeyelim yüklü miktarda

2. fırtınaya tutulmuş membran güzelliğiyle
ışımaktan söz eder olmuşuz
dışa doğru

3. çabucak bozulmasın çürüyüp de
müşterilerin midesini bozmasın diye
sürekli soğutulan bir meyve
hamiyetsiz duruşu
kıt kanaat

4. yağmur işler her haykırışına
hiçbir şey yiyememe yolunda ekmeksiz
doymadan daha fazla
siyah peynire

5. çıkıp geliverenin fikir eyleyemeyişi
bulaşmayalım bu işe yeter ki kadar
ben körpeyim demek gibi bu kadar
yağmur işler her haykırışıma

rendering... from where it was left off

1. we do need boring ceremonies
and a great deal of *'we wouldn't want to upset you'*

2. with the beauty of a storm-struck membrane
we've become used to talking about radiance
towards the outside

3. a fruit being constantly cooled
so that it won't spoil and rot
and make the customers ill
a posture without zeal
scantly

4. every scream is mingled with the rain
breadless on the way to not being able to eat anything
before you get too full
on black cheese

5. the incomprehension of the one who came out of nowhere
feels like *let's do not meddle in this business*
just like saying *how young and tender am i*
the rain mingles with all my screams

6. genel bakış erdiğinde
hazır ve nazır bir hale
kesip biçerken kendini
üzerimize varırken tek gönül halini bozup
çok açık kalmış bir kamera

7. şekline fikir beğenemeyen
cevabı o verir kaliteli hohoho

8. çoktan berisi harikulade haller
hohoholar hop oturup hop kalkmaz

6. when the general view reaches
a state of readiness and full attention
when you start cutting yourself up
when a camera that's been left open too long
walks towards us spoiling our unity of heart

7. someone who finds no idea good enough for her shape
the answer comes from her - a quality 'hohoho' sound

8. magnificent conditions since long ago
the 'hohoho' sounds do not hop mad

akıyor içimizden - abarttığım ne

kırmızı kalem şaibeli inkar edilemez değil azalacağına...
icap ettiği takdirde göğüs göğüse... anında tövbekar

yanlış değil kökenli el yakan birden fazla... savaşçı beyaz
kalem... yetişiyor basiret

bir müfettiş hacı mavmav masallarından... hacı mavmavlık
kimselerin sevmediği profesör yeşil kalem

yaranamıyoruz laf söyletmemek tenhalık kudretine... mavi
kalem bir güvercin gemisi... münakaşalarla dolu

vasıflar her delikte mantıklısından... ispiritizma iltihabı...
yeşerecek ve otlayacaksın... yeşereceksin otlaya otlaya

ele güne muhtaçların kesesinden şükür bir selamlama
şekli... aklında fır dönen şey... tılsımlı kalem

çok da sağlam *her işe yatkındır son derece* referansı... isti-
kamet tesbiti seyre dalarken sessizce sıvışmaları

it flows through us - *what am i exaggerating*

the red pen acts shady -- instantly repentant

rooted in a *that's not quite wrong* -- the white pen is a figher…chest to chest if necessary

foresight is on time -- an inspector…from the tales of a creepy pilgrim

being a creepy pilgrim -- the green pen is a professor everybody loves to hate

we don't curry favor -- the blue pen is a pigeon ship…full of arguments

infection of spiritualism -- you will be green and graze… you will be green by grazing

from the purses of dependents -- gratitude is a way of greeting

what's whirling in your mind -- a magical pen

very sturdy -- a recommendation suitable for every kind of work

determining the destination -- while gazing at the quiet slipping away

kira öder gibi bekle görlü sitem ala tavlı yemeğin üstüne...
tumturaklı tahakküm

sonrasınadır tapusuz arsaların feryadı... sonrasınadır
yakıcı... fosforlu kalem

kendimize bir el atalım sevap suratına çarpıldıkça...
büyümüş surat olmuş... onlar paraya acır para onlara...
kabul ve tasdik

biz tahsildar değiliz ki tahsildar biz değiliz ki

icap ettiği takdirde arz edilen

pay a mortgage instead of rent -- after barely cooked food
wait and see … pretentious tyranny

as to what comes after -- corrosive neon pen

let's give ourselves a hand it's a good deed -- as it's shoved
in your face

grew up to become a face -- they pity money… money
pities them

acceptance and confirmation -- but we are not debt collec-
tors

if required -- that's what will be presented

"ve o ve" ile bir ömür sürme

1. ismi lazım değillerin elinden çıkmış uzuyor mu hayır
kısalıyor mu hayır çok katlı bir iddia ama çok yersiz...
çıkınında karmakarışık şerbetler... gıdılı çocuklar
seks yapmama özgürlüğüm darılma banası şanı şerefi
batsını... onları bir ele geçirsem güzergahını katedecek
bütün bunlar

2. kırık dökük bir egzersizin arkasına gizlenmiş daha ilk
saniyeden usanç veren yazık etmeyelim birbirimize buzu
üzerinde vııjjt... ve arsız olmayı beyhude
olmamakla kıyaslayarak yere tüküren güzel bir kuşun "ve o
ve"li hayata serpilmesi hak tu diye

spending a lifetime with "and that and"

1. from the hands of those whose names are unnecessary does it lengthen no does it shorten no a claim with many levels but out of place... in your lunchbox messy sherbets... children with double chins that's the reason for my freedom not to have sex... the 'don't get cross with me' the 'who gives a damn about fame and glory'... all these will go the way of *if only i get a hold of them if only*

2. *whoosh* on the *let's not ruin ourselves* ice which is boring from the very first second and hides behind a broken exercise... and *puh... pthu... eew* from a beautiful bird which spits on the street while comparing being shameless with not being in vain and blossoms out towards a life with "and that and"

belirsiz irtifa

1. bir kuluçka mekaniği özel tertibatlı sözü azdırır hiç
içimden gelmiyor azametiyle kendini gözeten... sayın
gençler... baştakiler bizim adamımız değil gerçeği eski
medikçe kızmak düşer haddimize zahmet bostanı
bir zulmet bu mumu o yok eritemez

2. yarasalar ohaaa dedirtmeli patron benim diyen işçilere
de mutlaka bakmalı umumi ruhiyat... mağara ağzı
araştırmalarımızla dalga geçen...   sayın gıcıklar...
gözlemsiz roman en çok en çabuk kanamalı bir boğadır
bedeli hiç beğenmemenin bu günleri

ambiguous altitude

1. a certain mechanics of hatching makes the words go wild
with special fittings looking after itself with the grandeur
of *'i really don't feel like it'*... dear youngsters... *'the high up
ones aren't our men'* as long as this remains a new fact we
are meant to get angry... darkness as a field of trouble no it
cannot make this candle melt

2. bats ought to make you say *whoa*... general psychology
should definitely treat workers who say *i'm the boss*... you
who make fun of our research on cave entrances... you dear
stinkers... a novel devoid of observations is the price of not
liking these days at all it is at most a quickly bleeding bull

hor

cevabın nedir?
cevap!
cevabın bu mu?
bu ve o!

seni çeken nokta sendeki tepe bulut
seni çeken nokta sendeki hep arkaya bakma
neyin ne olduğunu bilmeme loş dehlizlerin tarihi

bir şartname örneği - şeytana uyarken dikkat edilecek hususlar:
1 - ölmeye başla şimdiden gecikmeden bir an evvel
2 - "sevgilinin giysileri dokuz sekizlik hoppalık" giysilerle konuş
3 - sessizlik vardiyasında daha dikkatli ol daha zalim ol
orta şeritte
4 - eti önce kavurup gerideki ahirette kendini yakma

hor bu o (filmin adı) niye hep arkana baktın
sen bu pazarlığı bozmaya mı geldin
sen hangi pazarlığı bozmaya geldin
aldın cismini cismini piç ettin

cevabın nedir?
cevap!
cevabın bu mu?
bu ve o!

contempt

what's your answer?
answer!
is this your answer?
this and that!

the point which attracts you is the peak cloud in you
the point which attracts you is the constant looking back in
you
not knowing which is which the history of gloomy dun-
geons

an exemplary to do list -- things to look out for while falling
into temptation
1. begin to die right now without delay as soon as possible
2. "the clothes of the lover are catchy as a 9/8s tune" speak
with those clothes
3. be more careful during the quiet shift be more merciless
in the middle lane
4. roast your meat first don't burn yourself in the afterlife
left behind

this that (name of film) is contemptible, why did you always
look back
are you here to ruin this agreement
which agreement are you here to ruin
you took your substance into your hand and made a bastard
of it

what's your answer?
answer!
is this your answer?
this and that!

ZEYNEP KÖYLÜ

Translated by Mel Kenne & İdil Karacadağ

requiem

I

ağzımda gecenin ihaneti duruyor
zamandan gizli akar köklerime giden su
ah! bilseler varolduğumu
çıkmazlardı içimden
göğsümü baştan başa yırtan requiem
ıslak dudaklarımda bir avuç tuz mu kaldı
tanrının kendisiyle konuşurken tattığı
uzaklaştıkça herkes uzlaşırdım kalbimle

şimdi beni bir kaya gibi oyun
belki de dilime yerleşen rüzgâr
son lanetimdir diye sevinirim uzaktan

kuyudaki sesimle avunsun yusuf
gövdemin inleyişine doluşsun kuşlar
nasıl olsa ardımda ebedi yankısı var
hiçbir gece söylenmemiş masalın

requiem

I.

night's betrayal in my mouth still
hidden from time the water that flows to my roots
ah! if only they knew I existed
they wouldn't move from inside me
the requiem tearing my breast apart
is it a trickle of salt left on my wet lips
that god, speaking to himself, tasted
while all drew away, I went off with my heart

now carve me like a rock
maybe seeing the wind on my tongue as my final curse
I'll be happy from a distance

let Joseph be consoled by my voice from the well
let my body's moaning be filled by the birds
no matter, since behind me there's the endless echo
of a tale that's not on any night told

II

beni yalnız bıraktın bir kuyu ağzı gibi
ay ışığı acıtır şimdi karanlığımı
oysa gövdemi terk eden sular
buluşur bir nehrin sessizliğiyle

Oknos'un ipini sallandırın içime
omuzları konuşan hiç kimse yok burada
bir taşın rüyasına gizlice girer
annesinden masalını kaçıran herkes

görürüm yeryüzünü ıslak ağzımla
anlatamam soluğumdan geçen zamanı
düşünürüm iki deniz arasında
beni kendi ağzının öpüşleriyle öpsün

II.

like a well's mouth you left me alone
now moonlight hurts the darkness in me
yet the waters quitting my body
join up with a river's silence

swing Ocnus' cord inside me
there's no one around whose shoulders speak
whoever keeps their tale from their mother
secretly ends up as a stone's dream

I face the earth with my wet mouth
I can't express how time passes through my breath
between two seas I stand in thought
let him kiss me with the kisses of his mouth

Leda şiirleri

uyanış

> *ne acı bu denli geç rastlamak sana*
> *ve böylesine erken ayrı kalmak sonunda*
> A.Voznesenski

avcumdaki ırmağa göğsünü yaslar Leda
parmaklarımdan geçer rüzgârın yalnızlığı
taşların ruhuyum yağmurun dalgınlığı
dua edemem artık geç kaldığım tanrıya

kimsenin avlusu olamam şimdi
arka bahçelerin kokusuz karanlığı
terk ettiğim kuyularda dinlenir hayat
yüzümde unutur şaşkınlığını

kendini sulara anlatır Leda
gecenin beklediği
bulut sesi olmak için

kimsesiz acıyı tanır mı toprak
girebilir miyim göğsündeki ormana

bir nehir bulmalıyım
bakmak için sana

Poems of Leda

awakening

> *"…how terrible to have met you so late*
> *and to be separated like this so early"*
> A. Voznesenski

on the river in my palm Leda lays her breast
through my fingers passes the wind's loneliness
I am the soul of the stones, the rain's bemusement
I can no longer pray to a god so lately met

I can't be anyone's courtyard now
the unscented darkness of backyard gardens
in the wells I abandoned life relaxes
and forgets its bewilderment on my face

Leda explains herself to the water
so she'll become the cloud-voice
that the night awaits

does earth acknowledge pain that has no one
could I enter the forests of your breasts

I should find a river
so that I can look at you

yalnızlığı yalnızca aşk ürkütür

beni hatırlama uyandığında

bakış

ben Leda:
sakın bakma dönüştüğüm sulara
içimde korktuğum bir ayna var

çıplak kalamam şimdi

ağzımdan geçerken ergendi zaman

kanatılmış buhurdan
ezilmiş rüya

külün sancısı iner omuzlarımdan

karşılaştır kendini uykunun korkusuyla
gölgesi büyümeyen bir deniz olduğumda
tanrılar sever beni

belki de konuşur boynumdaki iz

dışardaki bakışla

only love alarms loneliness

don't remember me when you awaken

the gaze

I am Leda:
don't ever gaze into the waters of my transformation
inside me there's a mirror that frightens me

I can't stay naked now

time when it passed through my mouth was a youth

a crushed dream
of blood-drained incense

the ash's ache runs down my shoulders

liken yourself to the fear of sleep
when I become a sea whose shadow won't grow
the gods will love me then

perhaps the sign on my neck

could speak to the gaze outside it

unutuş

ağzımda dolaşır rüzgârın dili
tarlakuşlarına adımı sordum
bir anlık şarkıyla öptüler beni

Medusa'nın yüzüne bakamam şimdi
otlar bağışlasın ayaklarımı

göğsünüzde uzayan masalı sevdim

ormanda yitirdiğim gök
ardından koştuğum kâhin

karıştığım söylendi Lethe'nin soluğuna

uyuyan taş söyleşiyor meşeyle
sessizliği duyulur gövdelerin

yapraklar çırpınır
yoktur dal

oysa kimseyi unutmaz veda

forgetting

inside my mouth wanders the wind's tongue
I asked the skylarks my name
they kissed me with a moment's song

I can't look at the face of Medusa now
let the weeds pardon my feet

I liked the tale sprawling over your chest

the sky that I lost in the forest
the oracle that I chased after

the word was I'd dissolved into Lethe's breath

the sleeping stone speaks with the oak
the silence of bodies is sensed

leaves fidget
there is no branch

but a farewell forgets no one

atlaslar kayıp

yeryüzü konuşur kendi kendine bütün dillerde
ince mırıltılarla
      atlaslar kayıp

bir nehir tekrarlar dolaştığı her yeri
avcum sımsıkı tutar geceyi
dağılır suskunluğun geçtiği yüzüm
      bütün dillerin bilmediği
bir sırtın sıvazlanışı
dönüp geldiğimde taş odalara
      atlaslar kayıp

ağızsız bir kedinin ruhu çizilmemiş
ağzı bozulmamış çocuklar sokağında

uzayıp u z a y ı p u z a y ı p

giden bir yalnızlığın körpe kemikleri
ufalanır karanlığımda
      bir ağaca kurulan
      pusu gibi ayıp

en gizli yerlerime dokunan hiçbir dil
      söylemez ötekine
yürür bacaklarım kendi kendine

the atlases are lost

in all languages the earth speaks to itself
in faint murmurs
                    the atlases are lost

a river re-takes each turn it makes
in my palm I hold the night tightly
my face that quietude passes through dissolves
                    what no language knows
a pat on the back
on my return to stone-walled rooms
                    the atlases are lost

a mouthless cat with a soul never sketched
in the street where children haven't turned foulmouthed

stretching s t r e t c h i n g s t r e t c h i n g

out the fresh bones of a solitude
broken up in my darkness
                    like a shameless ambush
                    set for a tree

untouched by any language my most secret places
                    can't tell the other
my legs walk on their own

duyulur denizin ağladığı
     kayıp giden bir dilde

yenilenir haritalar
     kuş ölümleri
sular altında ısınır seğiren kalbim
dikenli teller gerilir uykusuna

kıyılarımda duran her ince kara
tutulur bileklerim

     en geniş zamanlarda
atlaslar kayıp

the sea's weeping is heard
            in a language lost long ago

the maps are renewed
                the birds' death
under water my twitching heart grows warm
barbed wire constricts its sleep

in each thin sheet of snow lying on my shores
my ankles are bound

            in the broadest present of times

the atlases are lost

ada ve Sebastian

Sebastian Boulter için

Sebastian atlara bak
Terk-i Dünya'nın terkisindeler
bir çıplak ağacı öp ve bırak
denizle çevriliyim. taşlarımın altı suskun
yüzleri kayboluyor suda
boyunları uzuyor toprağına gövdemin
yalnızlığım karıncalara yavaş

bir uğultu saklamıştım kimsenin bakışına
harfleri duyduğumda açılıyor ellerim
hep gittiler içimden. keskin ve uzak
göğün bakışıyla kaldım
Sebastian sen de bak
kıpırdıyorum ara sıra
yürümeyi öğrendiğimde atlar çıldıracak

onların gölgeleri canlı. ben suda bir hayaletim
geceleri dolaşıyorum cehennemimde
kuşlar saçlarımda uyumuş. görüyorum
derimin altında böcek sesleri
yazdığımı bilmiyorlar. sus!
şurdaki kuru yaprağın altına bak

island and Sebastian

for Sebastian Boulter

look at the horses, Sebastian
on a pillion of The Eremite's mount
kiss a naked tree and let it be
I am surrounded by sea. beneath my stones, silence
in the water their faces disappear
their necks stretching into my body's soil
to the passing ants my solitude goes slow

in the gaze of no one I had hidden a humming
when I hear the letters my hands open up
all departed from within me. sharp and distant
I was left with the sky's gaze
you look at it too, Sebastian,
now and then I quiver
when I learn how to walk the horses will go mad

their shadows are full of life. I'm a phantom on the water
at night I wander in a hell of my own
the birds went to sleep in my hair. I see
under my skin the sound of insects
they're unaware that I'm writing. hush!
look over there under the dry leaf

yokuşumda sesleniyorlar bana
uzağa bakıyorlar gözlerimi unutarak
belimde bükülen güneşte
geçmiş acıyor. terk edilmiş bir avlu
zamana söyle damarlarımdan geçsin
ölü kırlangıçla konuştum demin

Sebastian gözlerimi aç
yeraltımda yazılıyor atlaslar

they call out to me on my hill
forgetting my eyes, they gaze into the distance,
in the sunlight bending round my waist
the past hurts. a deserted courtyard
tell time to pass through my veins
just a moment ago I spoke with a dead swallow

open my eyes Sebastian
in my underground atlases are being composed

harabelerin düşü

> *Gobi Çölü'nün zamansızlığında,*
> *harabelere…*

yüzüm uzak bir aynadan düşüyor
bir nehir parçasından baktım göğe
çölde genişledim. otlar saçlarıma tırmandı
atların uykusunda büyüdü gölgem
burada yalnızlık yok
        saatlerden kaçırılmış zamanlar
bir taşın altından gömülüyor uzaya

kabuğum kırılıyor. bir bakışla uyanıyorum
ellerini uzatıyor fırtına
okyanus yokluğuyla ürperen kuşlar
dönüyor toprağın çatlayan sesini
yeraltında konuşuyorlar
        dilsiz ay'la
geçmeliyim gövdemin ortasından

kanatlandı karınca. şimdi dağları geçiyor
bir pencere açılıyor senden –yağmur kuyusu
yolları sığdırıyor kirpinin boş kabuğuna
arz'ın gözleriyle baktım
        yaktım kanatlarımı
güneşten önce koşmalıyım tarlalara

the dream of the ruins

in the timelessness of the Gobi desert
for the ruins...

my face falls away from a far-off mirror
through a piece of the river I gazed at the sky
in the desert I grew larger. the weeds crept onto my hair
in the sleep of horses my shadow grew larger
here there's no solitude
           moments stolen from clocks
get buried in space through a stone's bottom

my shell breaks. I'm awakened by a stare
the storm stretches out its hands
birds that shudder to have no ocean
turn, speaking of the earth's cracking
voice underground
          with the tongueless moon
I ought to pass right through my body

the ant has taken flight. now it passes over the mountains
a window from you opens out—a rainwater well
makes the roads fit into the hedgehog's vacant shell
with the earth's eyes I looked
         burned my wings
I should run off to the fields before the sun

şimdi kesik bir suyum yol kıyısında
kelimelerden evvel gördüm acıyı
kemiklerin içindeki rüzgâr
dolaşıyor arkasında son duaların
kırmızı kum
          gömüyorum yüzümü
sesleri dinliyorum ayaklarından

tarlakuşu kımıldıyor – ey lama ey lama
açamam gözlerimi karanlığa ey
çölde ıslanıyorum. bir yaprak kalıyorum
ateşten dönenlerin gizlediği harita
açılıyor yüzümde
          harabelerin düşü
zaman düştü

now I'm a water slick on the roadside
before seeing words I saw pain
wind within bones
wanders behind the final prayers
red sand
                    I bury my face
I listen to the sounds of your feet

the skylark stirs   —oh lama oh lama
I can't open my eyes to the dark oh
in the desert I'm getting wet. I linger, a leaf
a map hidden by those who came back from the fire
opens out in my face
                    the dream of the ruins
time fallen

anahtar Sessiz

sonsuz bir duvara sarılıyor gri kapı
gölge saklanmış arka bahçeye Kırlangıç
uçtu hepsinin yalnızlığına Duaların
bakıştığı isa Unutmuyor
onu arka bahçede Konuşuyor
eleni sessiz içiyle

ayna baktıkça boynundan kırık
geçen yazıların acısı Gökyüzü
uzak bir uykuda şimdi Gözlerinde
ıslanıyor mihrimah Çatlak
avuçlarda utanmış sesler Omzunda
yaralı bir istanbul Anımsıyor
saçlarını eleni

taşlarda yankılanıyor veda
eleni anahtarı tutuyor Dünyaya
sığacak kadar büyük Yüzünde
ayna örtüsü Düşüyor
çıplak gülüşün üstüne Öpüyor
kapıda bekletilen korkuyu İnce
dönüyor anahtar

the key Silent

grey door hugs an endless wall
shadow hides in the back garden Swallow
flies to all that is lonely Prayers
trading looks with christ Not forgetting
what's in the back garden. Speaking
with her quiet inner self eleni

mirror's neck broken for as long as you look
pain of writings past Sky
in a far-away sleep now Your eyes
moistening mihrimah Cracked
palms holding shameful sounds Your shoulder
with a wounded istanbul Remembering
her hair eleni

echoing in the stones farewell
eleni holding the key The world
it's big enough to fit into On her face
a mirror spread She falls
down onto the naked laugh Kisses
the fear stopped at the door Softly
turns the key

ay yaklaştı eleni yağmur gecikti
duvara yalnızlığı bıraktı kuşlar Tam
tanrıya sarılacakken üşüdü elleri Yağmura
alışacakken kapattı gözlerini Kurbağa
atladı duvardan Dilsiz
kalacakken göğsüne bastırdığı Derin
kimsesizliği acıyor

bırakıp parmaklarını sonsuz sayıya
duasını eksiltiyor Güneşte
parlayıp kanayan yıldız Ağaçların
gömüldüğü yerde son Kendiyle
yaklaştığı pencere Ağzını
yokluyor parçalanmış kelimeler Bir
bakıştan geriye Sayıyor
kapıları

anahtar Sessiz

the moon's come closer eleni, the rain's late
on the wall the birds left loneliness Just
starting to embrace god she got cold hands The rain
she was getting used to then shut her eyes The frog
hopped over the wall Almost mute
when she pushed down into her chest Deep
despondence it hurts

dropping her fingers she counts down
her prayers into infinity In the sun
the star that glows and bleeds The trees
that were buried by the ending To herself
she neared at the window Her mouth
possessed by shattered words A
stare that's left Counting off
the doors

the key Silent

MELİH CEVDET ANDAY

Translated by Sidney Wade & Efe Murad

Kediler

Çocuklar uyanır geceleyin
Bir şey ararlar karanlıkta

Uyanır kadınlar geceleyin
Yüzük takarlar karanlıkta

Geceleyin kediler uyanır
Bize bakarlar karanlıkta

Cats

Children wake in the night
They search for something in the dark

Women wake in the night
They fiddle with their rings in the dark

In the night cats wake
They stare at us in the dark

Geçen Hiçbir Şey Yok

Bir böceğin gözlerinden geçer ay.
Giderilemeyen üzüncün kurşunu, ölümün
Ve yaşamın alyuvarı, evrenin gözeneği.

Oysa geçen hiçbir şey yok, tümümüz
Göğün ortasında. Bir anıt gibi.

Nothing Passes By

The moon passes through the eyes of an insect.
Unquenchable extent of the death and life bullet,
The red blood cell, the pore of the universe.

Yet nothing passes by, all of us
In the middle of the sky.
Like a monument.

Kımıltısız Arılar

Ah o kımıltısız arılar yangın tapınağında
Halatlarını koparmış yırtıcı alınların yarası
Şakıyan ve susan ağacı anlamın.

Motionless Bees

Alas there are motionless bees in the Fire Temple
An unleashed wound of ferocious foreheads
The sounds of the singing and the stilling trees.

Kuşlarla Bulutlar

Bir hanın mahzeninde bulmuştum,
Bakır bir lambanın altında,
El yazması eski bir isagoci,
Belki de Selçuklu'den kalma.
Her sayfasında şarap lekeleri
Yazıcısı mı, bir okur mu, bilemem,
Sonuna doğru, gizli bir yerine
Katmıştı şu korkunç sözleri:
"Gökyüzüdür zarı beynimizin,
Kuşlar, bulutlar gezinir içinde."

Birds and Clouds

I found it in the cellar of a caravanserai
Under a copper lamp,
An ancient handwritten manuscript of the *Isagoge*,
Perhaps dating from the Seljuk Empire,
Wine stains on every page.
I don't know whether it was the author or a reader,
But right at the end, in a secret place,
He added these frightening words:
The sky is our brain's membrane,
Birds and clouds wander around in it . . .

MURATHAN MUNGAN

Translated by Mel Kenne & Ruth Christie

Gemi ve soba

Bütün iyeliklerinden vazgeçmiş
çocukluk ağabeyleri
beklemiş çarşaf kokusu
anısı büyümeyen
gemi hayali
deniz görmeyen pencerelerde
ordan oraya çocukluk
ordan oraya taşra
madeni denizler
naylon denizler
oyuncak denizler
bir de gemi hayali
yıllardır gözlerine demirlemiş
deniz nemi
ordan oraya çocukluk
ordan oraya taşra
bütün iyeliklerden vazgeçmiş
çocukluk ağabeyleri
her şeyin üstü silinmiş
memur babasının ölümünden sonra
Istanbul'da nohut oda bakla sofa
tüten soba tüten soba

Ship and Stove

Elder brothers of childhood
who gave up all their possessions
smell of a hanging sheet
its memory never aging
the imagined ship
at windows blind to the sea
the childhood from this place to that
the province from this place to that
metal seas
nylon seas
toy seas
and the imagined ship
anchored for years in the eyes
sea damp
the childhood from this place to that
the province from this place to that
elder brothers of childhood
who gave up all possessions
the board wiped clean
on the death of the bureaucrat father
the house in Istanbul with tiny rooms
smoking stove smoking stove

NOTES ON CONTRIBUTORS

MELİH CEVDET ANDAY's long career stretched from the nineteen-forties into the twenty-first century. In 1941, he and his friends Oktay Rifat and Orhan Veli published *Garip* ("Strange"), a little book of poems that severed the new Turkish poetic tradition decisively from its Ottoman past and set the terms for modern Turkish verse. Sidney Wade and Efe Murad have just recently completed translating "Strange."

SELÇUK BERİLGEN was born in Canada to Turkish parents. He was educated in Turkey and holds a degree from Middle East Technical University, Ankara. He has lived in London since 1994 and worked extensively as a translator and interpreter. His translations include Feyyaz Kayacan's *Shelter Stories* (Rockingham, 2007) and *Songs My Mother Never Taught Me* by Selcuk Altun (Telegram, 2008), both with Ruth Christie. He has also collaborated with Ruth Christie on Bejan Matur's book of poems *How Ibrahim Abandoned Me* (Arc, 2012).

RUTH CHRISTIE was born and educated in Scotland, taking a degree in English Language and Literature at the University of St. Andrews. She taught for two years in Turkey and later studied Turkish language and literature at London University. For many years she taught English literature to American undergraduates resident in London. With Saliha Paker she translated a Turkish novel by Latife Tekin (Marion Boyars, 1993) and in collaboration with Richard McKane a selection of the poems of Oktay Rifat (Rockingham Press,

1993). A major collection of Nâzım Hikmet's poetry, again with Richard McKane, was published by Anvil Press in 2002. Translations of several short stories and poems by other Turkish writers have appeared in magazines and anthologies in Britain and Turkey.

NESRİN ERUYSAL lives in Ankara and is a literary scholar and translator. She is editor of *Söyleşi Üç Aylık Şiir Dergisi* (part of The Conversation International Poetry Project), and the author of *I Wish That Jewish Doctor Had Come Earlier* (Gozlem Publication Company, 2002).

KEN FIFER lives in Center Valley, Pennsylvania, and has published four collections of poetry, the most recent being *Architectural Conditions* (2012) with architect Larry Mitnick. His poems have appeared in *Barrow Street, New Letters, Ploughshares* and other journals.

İDİL KARACADAĞ was born in Istanbul. She has recently completed a BA in Literature at Kadir Has University. She has translated contemporary Turkish poets such as Murathan Mungan and Zeynep Köylü into English, as well as participating in the Cunda Workshop for Translators of Turkish Literature.

MEL KENNE has had four books of poetry published and a sequence of his poems was recorded on compact disk in a musical / poetic / dramatic production entitled *The Book of Ed.* He was a winner of the Austin Book Award in 1984, for his collection of poems *South Wind*. His most recent collection, *Galata'dan / The View from Galata*, was published this year as a bilingual edition by Yapı Kredi Yayınları, in Istanbul, with the original text rendered into Turkish by İpek Seyalıoğlu. Kenne has also translated Turkish, Spanish and French poetry into English, and he and Saliha Paker translated two novels by Turkish author Latife Tekin, *Dear Shameless Death* and *Swords of Ice*, which were published by Marion Boyars Publishers in 2000 and 2007 respectively. He has lived in Istanbul since 1993 and presently works as a lecturer in the American Culture and Literature Department at Kadir Has University.

ZEYNEP KÖYLÜ was born in 1978. She graduated from Ankara University Faculty of Communication, Radio-TV-Cinema Department in 2003. She worked as an editor in various publishing companies. She is currently working as an editor in Istanbul Municipality Theatre while pursuing her MA studies in Sociology Department in Mimar Sinan Fine Arts University. She was awarded with the Arkadaş Z. Özger Poetry Prize in 1997. Her first poetry book *Son Arzum Gül ve Kedi* (My Last Wish is a Rose and a Cat) was published in 1998. This book won the Orhon Murat Arıburnu best poetry book award (1999). Her second poetry book, *İlk Ağacı Öperek* (Kissing the First Tree) was published in 2007. She has also been invited to a variety of festivals and events in Turkey and abroad. Some of her poems have been translated into English, Dutch, Lithuanian, Bulgarian, Kurdish, Mongolian and published in anthologies.

BEJAN MATUR was born of an Alevi Kurdish family on 14 September 1968 in southeast Turkey. Her first school was in her own village; later she attended the long-established Lyce in the region's most important cultural centre Gaziantep. These years were spent living with her sisters far from their parents. She studied Law at Ankara University, but has never practised. In her university years, she was published in several literary periodicals. Reviewers found her poetry "dark and mystic". The shamanist poetry with its pagan perceptions, belonging to the past rather than the present, of her birthplace and the nature and life of her village, attracted much attention. Her first book, *Rüzgar Dolu Konaklar*, published in 1996, unrelated to the contemporary mainstream of Turkish poets and poetry, won several literary prizes. Her second book, *Tanrı Görmesin Harflerimi* (1999) was warmly greeted. Two further books appeared at the same time in 2002, *Ayın Büyüttüğü Oğullar* and *Onun Çölünde*, continuing the distinctive language and world of imagery special to herself and her poetry. Bejan Matur, who believes there is no frontier between poetry and life, travels the world like a long-term desert nomad. She stops by Istanbul, a city she sometimes lives in.

ERIK MORTENSON is an assistant professor in the Department of English and Comparative Literature at Koç University in Istanbul. His first book, which examines "the moment" as one of the primary motifs of Beat Generation writing, is entitled *Capturing the Beat Moment: Cultural Politics and the Poetics of Presence* and is available from

Southern Illinois University Press. He has published essays on the Beats in a number of journals and in several books, and is currently working on a project which explores the reception of the Beats as underground literature in Turkey.

MURATHAN MUNGAN is one of the most prominent and prolific contemporary Turkish writers. He has published poetry, short stories, plays, novels, screenplays, radio plays, essays, film and theatre criticism, and political columns. He has written over fifteen poetry books. His work has been translated into Bosnian, Bulgarian, Dutch, English, Finnish, French, German, Greek, Italian, Kurdish, Norwegian, Persian and Swedish. Mungan's trilogy of plays, *The Mesopotamian Trilogy*, has enjoyed successful theatre runs across the country and the last play of the trilogy, *Geyikler Lanetler* (Deer Curses) was on the 2007 programme of the Arca Azzura Theater in Italy.

EFE MURAD is a poet and translator, currently working towards his Ph.D. in Middle East Studies at Harvard.

POLAT ONAT, born in Istanbul in 1979, is a primary school teacher. Since 2000, his poems and essays on poetry have been published in many Turkish literary magazine, including *Varlık, E, Heves, Başka, Kavram Karmaşa, Şiir Ülkesi, Sepya, Budala, Kuzey Yıldızı, İmlasız, Ağır Ol Bay Düzyazı, Daktilo, Ay* and *Akatalpa*. His first book *The End* was published in 2009, followed by *The Old Man's Death* in 2011.

SIDNEY WADE has published five collections of poetry, the most recent of which is *Stroke*, from Persea Books. She has served as President of AWP and Secretary/Treasurer of ALTA and has taught workshops in Poetry and Translation at the University of Florida's MFA@FLA program since 1993. She and her co-translator, Efe Murad, have just completed a selection of the poems of the Turkish poet Melih Cevdet Anday.

NECMİ ZEKÂ is a poet, writer, and painter. He was born in 1963. After graduating from German High School in Istanbul, he studied at Boğaziçi, Leicester and Northwestern universities. He has published six poetry books and received the 2002 Golden Orange Poetry Award. He has translated both German and English poetry into Turkish.